새가족교재

양육자용

한국장로교출판사

새가족교재(양육자용)

초판발행 2016년 8월 31일
3쇄발행 2023년 7월 25일

지은이 양금희

기획편집 대한예수교장로회총회 국내와군·특수선교처
　　　　　총무 문장옥
주소 03128 서울시 종로구 대학로3길 29 총회창립100주년기념관 602호
전화 02-741-4353　팩스 741-4355

펴낸이 박창원
펴낸곳 한국장로교출판사
주소 03128 서울시 종로구 대학로3길 29 총회창립100주년기념관 4층
전화 02-741-4381　팩스 741-7886
영업국 031-944-4340　팩스 944-2523
등록 No. 1-84(1951. 8. 3.)

ISBN 978-89-398-4140-6

책값 5,000원

※ 이 출판물은 저작권법에 의해 보호를 받는 저작물이므로 무단전제와 무단복제를 할 수 없습니다.

차례 Contents

추천사
격려사
발간사

Ⅰ 새가족교재의 특징 10
  1. 교재의 목적 및 취지
  2. 교재의 범위 및 대상
  3. 교재의 종류 및 집필방향
  4. 본 새가족교재의 특징
  5. 새가족교재의 내용
  6. 양육자의 준비사항

Ⅱ 교재의 내용 21
  ❶과 환영합니다 23
  ❷과 하나님과 나 33
  ❸과 예수님, 믿음, 구원 43
  ❹과 교회생활 55
  ❺과 교회 정착 69

Ⅲ 부록 76
  새가족 신상 및 양육일지

추천사

예수님은 마태복음 28장에서 지상대명령으로 모든 민족을 제자 삼으라고 말씀하셨으나 잃어버린 어린 양 하나 찾기 힘든 전도가 어려운 시대가 되었습니다. 그러나 제자를 삼는다는 것은 전도만이 전부가 아닙니다. 전도된 새가족을 하나님의 말씀으로 잘 "양육"해야 온전한 그리스도의 제자를 삼게 되는 것입니다. 총회국내선교부에서 출판하게 된 새가족교재는 이러한 점에서 총회뿐만 아니라 한국교회에 의미가 있기에 추천하고자 합니다.

새가족교재는 새가족용과 양육자용으로 구분하여 발간되었고, 새가족교재는 불신자 새가족이 처음 교회에 출석하여 예수님을 영접하고, 신앙생활의 가장 기초적인 내용 소개, 구역(소그룹)에 정착하기까지의 과정을 다루는 성인을 대상으로 한 교재입니다.

새가족용은 새가족이 처음 접하는 교회의 문화에 거부감이나 어려움이 생기지 않도록 보기 쉽고 간결하게 집필되었습니다.

양육자용은 양육자가 새가족 정착을 실제로 실행하도록 자세하게 집필되었습니다. 양육자가 교회생활의 기초를 실제로 한 "실천적" 양육교재입니다. 또한 자칫 딱딱해질 수 있는 신앙의 기초에 관한 내용을 새가족이 좀 더 쉽고, 친근하게 대하도록 "이야기"가 있는 양육교재입니다. 그리고 교재의 처음부터 끝까지 교회 내의 "관계형성"에 초점을 두고 있는 교재입니다. 본 교재를 지역 교회에서 활용한다면 새가족을 잘 정착시키고 양육하여 그리스도의 제자를 삼는 예수님의 지상대명령을

완수할 수 있을 것입니다. 본 교재가 활용됨으로 그리스도의 장성한 분량이 충만한 제자들이 많아지는 한국교회가 되길 기대합니다.

본 교재를 허락해 주신 하나님께 감사와 영광을 돌립니다. 또한 교재를 발간하기 위하여 수고하신 총회국내선교부와 집필하신 양금희 교수님, 총회 전도·양육정책연구위원회, 한국장로교출판사의 노고에 감사드립니다.

2016년 6월 30일

대한예수교장로회
총회장 채영남 목사

격려사

　한 사람이 예수 그리스도를 자신의 구주와 주님으로 믿기로 작정하고, 교회 안에 들어옴으로 신앙생활이 시작되지만, 그렇다고 자동적으로 또한 조속히 그의 신앙이 온전한 단계에 이르는 것은 아닙니다. 영적 갈구나 호기심, 주변의 권유나 인생의 고난 등으로 인해 출발된 신앙생활은 인생의 치열한 삶의 과정을 통해서 성장해 가게 됩니다. 따라서 교회는 무엇보다도 한 사람의 초신자가 믿음이 점점 깊어져 온전한 단계를 향해 가기까지 집중적인 관심을 가져야 합니다. 이것을 위해 교회는 처음 찾아온 초신자들에게 단단한 음식이 아닌 부드러운 것으로 양육하는 단계에서 시작해야 함은 당연한 일일 것입니다(히 5 : 12 – 14).

　참으로 감사하고 반가운 일은 이번에 본 총회국내선교부에서 이런 일의 중요성과 시급성을 절감하여 전도·양육정책연구위원회를 조직하여 3년 여간의 기도와 노력 끝에 세례자 교육교재와 함께 새가족교재(새가족용, 양육자용)를 펴내게 된 사실입니다. 본 교재가 기존에 출판되었던 교재에 비해 다른 점이 있습니다.

　첫째, 지식전달보다는 예수님을 영접하고 예수님과 인격적으로 만남을 지향하는 데에 강조점이 있고, 일방적인 교육이 아닌 대화와 나눔의 관계의 중요성을 감안하여 집필되었고, 평신도 양육자가 직접 새가족에게 일대일로 양육하는 방식으로, 평신도의 사역화에도 기여하게 되는 유익한 점이 있습니다.

　둘째, 처음 신앙생활하는 새가족에게 교회생활의 궁금한 부분들을 구체적으로 상세하게 설명해 줌으로써 교회에 잘 정착하게 하고, 나아가 교회의 지체로서의 의식을 갖고 새 출발하는데 큰 도움이 되리라고 생각됩니다.

　본 교재를 사용하는 새가족들과 양육자들, 교회마다 성령님이 뜨겁게 역사하시사 함께 그리스도의 몸인 교회를 통해 머리이신 그리스도를 향해 함께 자라 가는 역사가 일어나기를 기도드립니다.

　감사합니다.

2016년 6월 30일

전도 · 양육정책연구위원장
영세교회 김충렬 목사

발간사

귀한 교재를 발간할 수 있도록 인도하신 하나님께 감사드립니다.

지난 100년간 한국교회와 우리 총회는 영혼구원과 전도에 힘을 써 왔으며 교회의 부흥과 성장을 위해 힘을 기울여 왔습니다. 이제 제100회 총회를 맞이하면서 총회와 산하 교회 그리고 성도들은 신앙의 성숙과 영적인 성숙을 향하여 나아가야 할 때입니다. 이것을 위해 총회는 전도와 양육이 연속선상에서 이루어지도록 초신자 새가족 양육을 위한 교재의 필요성을 절실하게 인식하게 되었고, 제98회기부터 연구위원회를 조직하여 이번 제100회기에 결실을 맺게 되었습니다.

연구위원들의 초신자 새가족에 대한 사랑과 헌신 그리고 지역교회 목회자들의 도움으로 임상적용을 하면서 교재를 만들게 되었습니다. 3년간 변함없는 열정으로 수고해 주신 집필자 양금희 교수님과 전도·양육정책연구위원장으로 책임을 맡아 주신 영세교회 김충렬 목사님, 연구위원으로 조언을 아끼지 않으신 박영득 목사님, 이경재 목사님께 깊은 감사를 드립니다. 실무를 맡아 수고해 주신 박종우 목사님, 신민석 목사님, 그리고 디자인으로 책을 빛나게 해 주신 류선미 선생님과 한국장로교출판사 사장 채형욱 목사님과 직원 여러분께 진심으로 감사드립니다.

천하보다 귀한 한 영혼이 그리스도의 장성한 분량에 이르도록 양육하여 하나님께서 기뻐하시는 그리스도인으로 자라가도록 돕는 일에 이 교재가 귀하게 사용되기를 기대합니다.

2016년 6월 30일

총회국내선교부 총무
남윤희 목사

I

새가족교재의 특징

새가족교재의 특징

교재의 목적 및 취지

이 교재는 새가족이 전도를 통해서 혹은 자원하여 교회에 처음 출석했을 때 맞아들이고, 이들에게 예수님을 소개하여 영접하게 한 후, 교회에 정착할 수 있도록 돕는 것을 목적으로 하는 교재이다. 이 교재는 "환영 및 영접" - "복음 제시 및 예수 영접" - "교회 소개 및 정착"이라고 하는 세 단계의 목표에 초점을 맞춘 교재이다.

교재의 범위 및 대상

● 이 교재는 새가족이 처음 교회에 출석하여 예수님을 영접하고 신앙생활의 가장 기초적 내용을 소개한 후, 구역(소그룹)에 정착하기까지의 과정을 다루는 교재이다.

● 따라서 이 교재는 세례자 교육반을 위한 교재에 연계된다. 세례자 교육반에서는 기독교의 기초적 내용들을 보다 체계적으로 접할 수 있다.

● 이 교재는 성인을 대상으로 한다.

교재의 종류 및 집필방향

이 교재는 양육자용과 새가족용으로 나뉘어 집필되었다.

1) 새가족용
새가족용은 최대한으로 간결하고, 새가족이 읽거나 보기 쉽게 집필되었다.

2) 양육자용
양육자용은 새가족 프로그램을 기획하거나 실행하는 양육자나, 실재로 이 교육에 양육자로서 참여하는 사람들을 위해서 집필되었다. 양육자용 교재는 새가족 정착 프로그램을 실제로 실행할 수 있도록 최대한 자세하게, 그리고 전달할 내용뿐만 아니라, 양육자들이 실제로 새가족을 위해서 행해야 할 활동의 지침까지도 포함하였다.

본 새가족 양육 교재의 특징

첫째, 교회생활의 기초를 함께하는 "실천적" 새가족 양육

본 교재는 단순히 신앙의 기초적인 내용을 알려 주는 것에서 그치지 않고, 교회생활의 기초들을 실제로 함께하는 실천적 교재이다. 본 교재는 새가족으로 하여금 실제로 예수 그리스도를 영접하고 결단하도록 초대할 뿐만 아니라, 교회에 출석하여 예배드리고, 기도하고, 구역(소그룹)에 배치되어 그곳에 적응하게 되는 모든 과정에 함께 함으로써 새가족이 실제적으로 교회생활에 적응할 수 있도록 도와주는 "실천적" 교재이다.

둘째, "이야기"가 있는 새가족 양육

본 교재는 객관적인 신앙의 내용을 전달하는 것에서 그치지 않고, 그것이 실제로 새가족의 마음을 움직이고 내면적으로 받아들일 수 있도록 하기 위하여 "이야기"가 있도록 구성되었다. 모든 과에는 "마음을 여는 스토리텔링"의 과정이 포함되어 있어서 양육자가 자신의 이야기를 진솔하게 새가족에게 할 수 있게 기획되었다. 1과의 경우 새가족이 양육자와 마음을 열고 관계를 맺을 수 있도록 "마음을 여는 스토리텔링"이 있고, 2과에서는 하나님을 떠나 죄 가운데 있는 인간의 실존에 관한 내용을 현대인의 일반적 이야기와 양육자가 예수님을 만나기 전의 이야기를 진솔하게 나눔으로 소개하고 있다. 그리고 3과에서는 새가족에게 예수 그리스도를 소개하고 영접하도록 초대하면서도, 양육자가 스스로 경험했던 예수님 만남의 체험을 이야기하도록 되어 있고, 4과 교회생활의 기초부분에도 양육자가 경험한 특별한 예배와 기도의 체험, 그리고 성경을 통해서 받은 은혜 체험의 이야기를 나누도록 제시되어 있다. 그리고 마지막 5과의 우리 교회 소개에서도 우리 교회에 와서 특별히 유익했던 경험을 한 성도의 이야기 및 구역 식구들의 이야기로 나눈다. 이같이 모든 과에 이야기가 있는 것은 자칫 딱딱해질 수 있는 신앙의 기초에 관한 내용을 초신자가 좀 더 쉽고, 또한 마음에 와 닿게 접할 수 있도록 하기 위함이다.

셋째, "관계 형성"이 있는 새가족 양육

새가족이 교회에 정착하기 위해서는 무엇보다 교회 안에서 "관계 형성"이 일어나야 한다. 따라서 본 교재는 처음부터 끝까지 새가족이 교회에서 관계를 형성할 수 있도록 기획되었다. 먼저는 일대일 양육으로 새가족이 한 사람의 양육자와 친밀하고 신뢰 있는 관계 속에서 양육될 수 있도록 하였고, 교회 공동체의 구성원들로부터 환영받고 받아들여지는 기회를 제공할 뿐만 아니라, 소그룹(구역 등)에 구체적으로 적응하고 뿌리내릴 수 있도록 실제적인 관계 상황을 제시하면서 진행된다. 더 나아가 새가족 양육이 끝난 후에도 새가족이 교회생활과 구역(소그룹)생활을 원활히 할 수 있도록 멘토제도를 제안하고 있다.

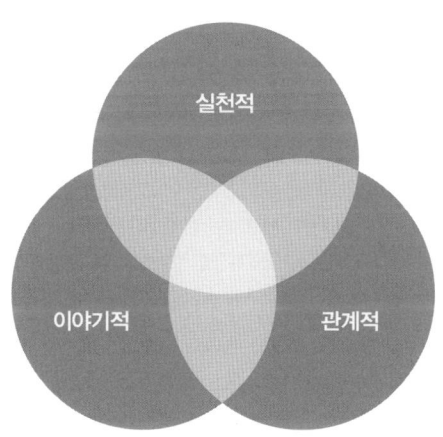

〈 새가족교재의 특징 〉

새가족교재의 내용

1) 환영과 축복
    - 양육내용
      환영합니다.
      잘 오셨습니다.

    - 활동내용
      환대 및 환영
      마음 열기
      양육자와의 만남

2) 하나님과 나
    - 양육내용
      '나'의 근원과 실존
      죄, 하나님 없는 나
      하나님
      하나님과 나의 관계, 단절 및 회복

    - 활동내용
      하나님을 떠난 인간의 실존을 발견할 수 있는 이야기, 혹은 사진이나 신문 기사를 함께 읽는다. 자료들과 관련하여 이야기를 나누고, 하나님 없이 살아온 자신의 모습을 돌아볼 수 있도록 한다. 가능하다면 새가족이 자신의 이야기를 할 수 있도록 분위기를 형성한다.

3) 예수님, 믿음, 구원
- 양육내용
    예수 그리스도 소개
    구원에 대하여
    믿음에 대하여
    영접으로의 초대

- 활동내용
    양육자는 어떻게 예수님을 영접하였는지, 혹은 예수님을 만난 후 양육자의 인생에서 일어난 변화나 놀라운 경험 등을 간증한다.
    예수님을 영접하는 기도로 초대하고 영접기도를 함께 드린다.

4) 교회와 기독교의 기초(교회, 예배, 기도, 성경 등) 소개
- 양육내용
    교회생활의 기초에 대한 내용
    교회는 어떤 곳인가
    예배의 의미, 어떻게 예배를 드리는가
    기도의 의미, 어떻게 기도하는가
    성경이란 무엇인가, 하나님 말씀으로서의 성경에 대한 간단한 소개, 성경의 구성

- 활동내용
    새가족과 함께 예배드리기
    새가족과 함께 기도하기
    새가족에게 성경과 찬송 사용 알려 주기
    담임목사님의 심방

5) 교회 정착
- ● 양육내용
  우리 교회 소개

- ● 활동내용
  교회의 지도자와 만나기, 이때 교회 소개도 함께 한다.
  구역(소그룹)에 소속됨 – 구역식구들과의 만남, 구역장과의 만남
  구역 안에서 한 명의 멘토를 소개한다.
  일상적 삶 동행하기
  교회 함께 가기

양육자의 준비사항

● 이 새가족 양육 프로그램은 양육자가 새가족을 일대일로 만나서 진행하도록 집필되었다. 따라서 이 프로그램이 시행되는 데 가장 결정적 역할을 하는 사람은 양육자이다. 양육자가 훈련되고 준비되어야만 그를 통해 새가족 양육 프로그램이 실시될 수 있다. 그래서 이 프로그램을 시행하기 위해서는 먼저 양육자가 이 교재를 가지고 새가족을 양육할 수 있도록 훈련을 받아야 한다. 양육자들은 총회국내선교부에서 실시하는 양육자(지도자) 강습회나 혹은 그 강습회에서 이미 훈련받은 사람을 통해서 이 교재를 활용하는 방법 및 양육자의 태도에 대해 먼저 훈련을 받도록 한다.

● 양육자는 이 교재를 사용하는 과정에서 특별히 다음과 같은 점에서 준비되어야 할 것이다.

첫째, 영혼사랑에 대한 준비가 되어야 한다.

새가족 양육이란 자신을 통해 교회에 새로 온 사람이 예수를 구주로 영접하고, 또한 교회에 뿌리내려서 혼자서도 신앙생활을 할 수 있도록 도와주는 것이 얼마나 소중하고 가치 있는지를 아는 사람만이 할 수 있는 일이다. 그것이 가치 있는 일이라는 것을 아는 것은 새가족에 대한 영혼사랑으로부터 나올 수 있는 일이다. 양육자는 양육이라는 활동에 대한 관심에 앞서서 자신이 정말 새신자에 대한 영혼사랑의 마음이 있는지 점검해야 하고, 하나님께 한 영혼을 진심으로 사랑할 수 있는 마음을 간구하는 기도를 해야 할 것이다.

둘째, 마음을 열 준비가 되어야 한다.

새가족 양육은 단순히 새가족에게 신앙적 지식을 가르치는 것을 목적으로 하는 것이 아니라 새가족이 진심으로 마음을 열어서 예수님을 주님으로 영접하고, 또한 교회 안으로 뿌리를 내리도록 돕는 것을 목적으로 하는 일이다. 이와 같은 일은 새가족이 진심으로 마음이 열려야만 할 수 있는 일이고, 그것은 물론 성령께서 역사하셔서 마음을 움직여 주셔야 가능한 일이다. 그렇지만 양육자는 새가족이 마음을 열 수 있도록 최대한으로 준비하고 노력해야 하는데, 그것은 무엇보다 먼저 양육자가 자신을 개방하고 마음을 열 때 가능한 일이다. 본 교재는 특별히 새가족이 마음을 열 수 있도록 모든 과마다 "마음을 여는 스토리텔링"이 포함되어 있다. 이 "마음을 여는 스토리텔링"은 양육자가 먼저 자기가 경험한 신앙생활을 진솔하게 이야기해 줌으로써 자칫 딱딱해지기 쉬운 양육과정을 부드럽게 하고 감성적인 터치가 일어나는 통로의 역할을 하도록 기획되어 있다. 이를 위해 양육자는 기꺼이 자신을 열어 보이고, 자신의 자랑스러운 측면만이 아니라 부끄럽고 부족한 측면도 열어서 함께 나눔으로써 새가족이 마음을 열 수 있도록 두울 준비가 되이 있어야 할 것이다.

셋째, 시간과 정성을 바칠 준비가 되어야 한다.

양육자에게 무엇보다 요청되는 것은 새가족을 위해 시간과 정성을 바칠 준비이다. 새가족은 낯선 교회에 처음으로 와서 누군가의 도움이 없으면 소외감을 느끼기 쉽고, 또한 교회 문화에 적응하기도 쉽지 않다. 따라서 양육자는 새가족을 만난 주부터 매주 새가족과 함께 교회에 가고, 옆에서 함께 예배드리면서 교회에 처음 온 새가족이 교회생활을 하는데 불편함이 없도록 해야 한다. 양육과정이 끝나 새가족을 구역(소그룹)으로 인도할 때까지 양육자는 될 수 있으면 새가족과 모든 교회활동을 함께 할 수 있어야 할 것이다. 양육자는 따라서 양육기간 동안 새가족에게 시간과 정성을 바칠 준비가 되어 있어야 할 것이다.

II

교재의 내용

환영합니다

1

제1과
환영합니다

1과는 새가족이 처음으로 교회에 와서 등록한 후, 새가족 양육을 받기 시작하는 첫 주에 이루어지는 과이다. 따라서 1과에서는 새가족을 환영하고, 새가족 양육반에 대해서 소개하며, 양육자와 새가족이 서로 만나 마음을 열 수 있도록 하는 것에 초점을 맞추도록 해야 한다.

1과의 목적

❶ 새가족을 환영한다.

❷ 양육반에 관하여 소개함으로써 새가족이 양육반에서 이루어지는 활동을 알도록 할 뿐만 아니라 새가족반에서 양육받고 싶도록 동기를 유발한다.

❸ 새가족에게 양육자를 소개하고, 서로 마음을 열고 친밀감을 형성하도록 한다.

1과의 진행

○ 새가족 양육반은 원칙적으로 일대일 양육의 형태로 진행된다. 따라서 1과를 시작하기 전에 반드시 새가족을 일대일로 담당할 양육자, 즉 이 양육 프로그램을 담당할 훈련된 양육자가 선정되어 있어야 하고, 1과가 진행되면서 양육자와 새가족이 서로 만날 수 있도록 해 주어야 한다. 그러나 1과는 아직 양육자와 새가족이 만나기 전이므로 이 과에 한해서는 새가족 담당교역자가 담당해서 진행하는 것이 좋겠다. 담당교역자는 새가족을 환영하고, 새가족반에 관하여 소개할 뿐만 아니라, 양육자를 새가족에게 소개해 주고, 둘이 서로 마음을 열도록 하고, 양육 스케줄을 정하도록 인도해 주어야 한다.

새가족 양육반에 오신 것을 환영합니다.

새가족 담당교역자는 먼저 자신이 새가족반의 담당교역자라는 사실을 밝히고, 자신을 소개한 후, 새가족을 환영한다. 환영의 핵심적 내용은 아래와 같다.

- 우리 교회에 오신 것을 환영합니다.
- 하나님은 당신을 사랑하십니다.
- 여러분이 교회에 오신 것은 우연이 아닙니다.
  그것은 하나님이 당신을 사랑하시고, 당신의 인생을 선하게 인도하려는 뜻이 있으시기에 일어난 일입니다.
- 그래서 여러분이 이곳에 오신 것은 하나님의 큰 축복이요 은혜입니다.
- 정말 잘 오셨습니다. 진심으로 환영합니다.

새가족 양육반을 소개합니다.

새가족 담당교역자는 이제 새가족 양육반에 관하여 새가족에게 소개한다.

이 과정에서 새가족교재(새가족용)를 나누어 주도록 한다.

새가족이 받은 새가족교재를 펴고, 아래와 같은 내용을 중심으로 양육과정에 관하여 소개한다. 소개 후 질문이 있는지 묻고, 질문에 친절하게 답한다.

- 새가족 양육반은 우리 교회에 처음 온 분들이 교회에 정착하도록 도와주는 프로그램입니다.
- 이 프로그램은 5주간 지속되는 프로그램으로서 여러분들이 하나님과 자신의 관계에 대하여 생각해 보고, 예수 그리스도를 인격적으로 만나며, 교회생활의 가장 기초적인 것에 대해서 배움으로써, 처음 교회에 오신 분들이 교회생활을 수월하게 할 수 있도록 도와드립니다.
- 모든 과정을 수료하신 분은 우리 교회의 교인으로 등록해 드리며, 구역(소그룹)에 소속되도록 배치해 드립니다.
- 수료 후 보다 본격적으로 기독교인이 되기를 원하시는 분은 세례자 교육반으로 안내해 드립니다.

3 만나서 반갑습니다.

이제 새가족 담당교역자는 새가족에게 양육자를 소개하고, 서로 자신을 소개하도록 시간을 준다. 양육자를 선정할 때는 물론 새가족의 다양한 측면들을 고려하여 미리 선정하도록 하고, 특별히 성별을 고려하여 남자 성도에게는 남자 양육자를, 여자 성도에게는 여자 양육자를 연결시키는 원칙은 반드시 지켜야 할 것이다. 양육자를 소개할 때에는 다음과 같은 내용을 언급하면서 소개한다.

- 새가족 양육반은 여러분 한 분 한 분을 소중하게 생각합니다.
- 그래서 이 프로그램은 일대일 양육으로 이루어집니다.
- 새가족 한 분에게 한 분의 신망 있는 양육자를 붙여드리고, 양육자의 개별 양육으로 5주간의 양육이 진행됩니다. 이제 여러분에게 양육자를 소개해 드립니다. (양육자와 새가족의 상황에 따라 한 주에 두 과를 다룸으로써 5주 이전에 끝날 수도 있습니다.)

새가족에게 양육자를 소개한 후, 아래와 같은 항목들을 중심으로 서로서로 자신을 소개하도록 한다. 먼저 양육자가 자신을 소개하고, 새가족이 소개하도록 한다. 이 이하로 담당교역자보다는 양육자가 직접 새가족과의 대화를 이끌도록 하는 것이 좋겠다. 양육자와 새가족이 방해받지 않고, 서로의 마음을 열 수 있도록, 둘씩 앉을 수 있는 테이블을 준비한다. 분위기를 부드럽게 하기 위해 편안한 색의 테이블보 및 작은 화분(꽃병), 간단한 음료를 준비한다.

- 양육자 소개

  저는 _____ 입니다.
  사는 곳은 _____ 입니다.
  교회에 다닌 지는 _____ 년 되었습니다.
  저의 교회 직분은 _____ 입니다.
  저의 직업은 _____ 입니다.
  저의 가족 관계는 _____ 입니다.
  저는 _____ 남 _____ 녀의 어머니(아버지)입니다.
  저의 전화번호와 연락처는 _____ 입니다.

○ 새가족 소개

저는 _____ 입니다.
사는 곳은 _____ 입니다.
저의 직업은 _____ 입니다.
저의 가족 관계는 _____ 입니다.
저는 _____ 남 _____ 녀의 어머니(아버지)입니다.
저의 전화번호와 연락처는 _____ 입니다.

새가족이 자신에 관해서 소개할 때, 양육자는 양육자용 교재 뒤편에 있는 새가족 신상카드를 작성한다.

마음을 엽니다.

양육자와 새가족의 관계는 새가족 양육에 결정적인 영향을 미친다. 둘 간의 친밀감(rapport) 형성이 전제될 때에만 양육이 성공적으로 진행될 수 있다. 따라서 양육자와 새가족이 서로에게 마음을 열고 가까이 갈 수 있도록 좀 더 서로를 알아 갈 수 있는 친밀한 시간을 가질 필요가 있다. 아래에 제시된 "마음을 여는 스토리텔링"을 중심으로 양육자와 새가족이 서로 대화할 수 있도록 한다. 이 과정에서 양육자는 새가족이 마음을 열 수 있도록 먼저 자신을 최대한으로 개방하여 소개한다. 자신의 자랑스러운 점을 이야기하기보다는 진솔하게 자신의 어려웠던 점들 혹은 실패했던 경험들도 이야기함으로써 새가족이 쉽게 마음을 열 수 있도록 한다. 처음에는 쉽게 이야기할 수 있는 주제를 선택하고, 점차로 마음을 더 열어야 하는 이야기로 나아가도록 한다.

- 앞으로 있을 5주의 양육기간 동안 서로 좋은 관계를 형성하기 위해서는 서로를 좀 더 알아가는 시간이 필요합니다.
- 양육자와 새가족은 서로에게 마음을 열기 위해 다음과 같은 질문들 중 몇 가지를 선택하여 함께 나누어 보도록 합니다.

마음을 여는 스토리텔링

교회에 오게 된 계기
내 삶에서 일어났던 가장 기뻤던 일
최근 일 년 동안 내게 일어난 가장 슬펐던 일
내가 가장 중요하게 여기는 물건(혹은 사람이나 생명체)
쉬는 시간에 할 수 있는 일 중 가장 즐겨하는 일
아침에 눈을 떴을 때 제일 먼저 하는 일

다음에 만날 약속을 합니다.

양육자는 5회에 걸쳐서 진행될 새가족반의 일정에 관하여 소개하고, 다음에 만나는 시간과 장소를 알려 준다. 일정은 교회가 정한 시간과 장소대로 하는 것을 원칙으로 하지만 새가족의 형편에 따라서 다소 조정할 수도 있겠다. 양육자는 이제부터 시작되는 양육의 과정 동안 매주 새가족과 함께 교회에 오고, 예배를 함께 드리며, 또한 가능하면 주 중에도 만나 필요한 도움을 줄 수 있도록 한다. 양육자의 이러한 헌신은 모든 것이 낯선 새가족이 교회에서 소외감을 느끼지 않고 정착하는 데 결정적인 도움을 줄 것이다.

6 기도로 마칩니다.

양육자가 새가족을 위해 기도하고, 특별히 이 과정이 끝까지 하나님의 은혜 가운데 진행될 수 있기를 기도한 후 첫날의 모임을 마치도록 한다.

○ 기도문 예시

"하나님 감사합니다.
새가족 ____ 형제님(자매님)을 우리 교회에 보내 주시고, 신앙생활을 시작하게 하시니 감사합니다. 하나님, ____ 형제님(자매님)을 하나님의 자녀로 삼아 주시고, 앞으로 하나님의 놀라운 은혜를 누리는 삶을 살게 하여 주시옵소서. 오늘 시작한 새가족 양육이 끝까지 잘 진행되도록 인도하여 주시고, 이 과정에서 하나님께서 ____ 형제님(자매님)의 마음을 열어 주셔서 예수님을 구주와 주님으로 영접하게 하여 주시고, 하나님 안에서 복되고 새로운 인생을 살게 하여 주시옵소서. 예수님의 이름으로 기도합니다. 아멘."

하나님과 나

2

제2과
하나님과 나

2과는 새가족이 예수님을 영접하기에 앞서, 자신이 누구인지, 자신의 현주소는 어떠한지를 돌아보도록 하는 것에 초점이 맞추어진 과이다. 이 과에서 새가족은 인간은 하나님의 피조물이고, 따라서 인간은 자신을 창조한 하나님을 떠나서 살면 불완전하고 공허하며 죄 가운데에 있는 실존이라고 하는 점을 깨닫고, 어떻게 하면 원래의 상태로 돌아갈 수 있을지 생각해 보도록 인도된다.

2과의 목적

❶ 인간은 하나님의 피조물로서 하나님과 바른 관계 안에 있을 때 행복한 존재임을 알게 한다.

❷ 하나님과의 관계가 단절된 상태가 죄이고, 죄의 결과는 공허함과 불완전한 삶이라고 하는 것을 깨닫게 한다.

❸ 하나님을 떠난 자신의 모습을 돌아보면서 회복의 필요성을 느끼게 한다.

2과의 진행

○ 2과는 양육자가 새가족을 대상으로 일대일로 진행한다.

○ 양육자는 2과를 시작하면서 양육자 지침서에 제시되어 있는 글을 읽어 주며 이 과를 시작한다. 처음부터 내용으로 직접 들어가기보다는 일반적으로 사람들이 공감할 수 있는 글을 제시하고 그것으로부터 오늘의 본론, 즉 '하나님과 단절된 사람이 느끼는 공허함과 불안함'에 대하여 이야기한다. 양육자용 지침서를 새가족용 지침서와 잘 대조하면서 진행하고, 새가족에게 질문하는 부분에서는 질문을 한 후 새가족이 대답할 수 있는 시간을 주고, 답변에 대해서는 긍정적으로 반응하되 본문에 제시되어 있는 것 외의 내용으로 빠지지 않도록 주의한다.

2과의 시작

○ **먼저 양육자는 다음과 같은 말로 이 과를 시작한다.**

"다음의 이야기는 인터넷상에 있는 현대인에 관한 글의 한 부분인데, 한번 들어보세요."

> "현대인의 특징은 진정한 만족과 평안이 없다는 것에 있다.
> 꿈을 이루고 소원은 이루었는데, 행복하지 않고,
> 좋아하는 사람과 결혼했는데, 기대한 만큼 행복하지 않고,
> 원하는 만큼 돈도 벌었는데, 내면의 공허함은 채워지지 않는다.
> 공허함을 극복하기 위해 욕망을 채우려고 늘 노력하지만,
> 욕망은 채워도 채워도 채워지지 않는 항아리 같다.
> 꿈을 크게 가지면 좌절의 고통을 겪고,
> 꿈이 이루어져도 무의미함을 느낀다.
> 그래서 사람들은 현실을 도피하는 문화를 만들어 낸다.
> 술이나 게임이나 스포츠나 성적 쾌락에 중독된다.
> 아니면 우울증의 증세를 나타낸다.
> 진정한 마음의 만족과 평안이 없는 것,
> 이것이 현대인의 고뇌이다."

○ **위의 이야기를 다 읽은 후에 양육자는 새가족에게 다음과 같이 묻는다.**

"이 글과 똑같지는 않을지 모르지만 새가족 _____ 형제님(자매님)도 이와 비슷한 생각을 하지는 않으셨나요? 마음에 진정한 평안과 만족이 없고, 또 욕심을 채워도 채워도 끝이 없으며, 무엇인가 내면의 불안함과 공허함을 느끼지는 않으시나요?"

○ **약간의 사이를 둔 후 다음과 같이 답한다.**

"그것은 인간의 근원이 하나님이기 때문입니다."

1 인간의 근원은 하나님입니다.

양육자는 앞의 시작부분을 인도한 후, 새가족교재를 펴서 아래의 부분을 함께 읽어 보도록 한다.

- 인간은 하나님께서 창조하신 피조물입니다.
- 사람은 자신을 낳아 준 부모, 태어나고 자란 곳, 즉 자신의 근원을 찾는 존재이고, 그 근원과 더불어 심리적으로 깊게 연결이 되어 있는 존재입니다.
- 마찬가지로 인간은 인간을 창조하신 하나님과 관계가 단절되면 공허하며, 진정한 평안과 행복을 누릴 수가 없는 것입니다.

"우리가 하나님과 관계가 두절되면 진정한 평안과 행복을 누릴 수 없는 이유가 있습니다. 그것은 하나님이 인간을 특별하게 창조하셨기 때문입니다."

2 하나님은 인간을 특별하게 창조하셨습니다.

양육자는 새가족용 교재의 "하나님은 인간을 특별하게 창조하셨습니다." 부분을 찾아 가리키면서 새가족과 함께 읽는다.

- 성경은 하나님이 인간을 흙으로 빚으신 후, 인간의 코에 생기를 불어넣으셔서 사람을 '생령', 즉 살아 있는 존재로 만드셨다고 하였습니다.

  "여호와 하나님이 땅의 흙으로 사람을 지으시고 생기를 그 코에 불어넣으시니 사람이 생령이 되니라"(창세기 2장 7절)

- 하나님은 인간을 흙으로 빚어 육체를 만드셨지만, 동시에 이 육체에 하나님의 생기인 영을 불어넣어 주심으로써 인간을 영적 존재로 만드셨습니다. 인간은 단순히 육적 존재에 그치는 것이 아니라 '영'이 있는 존재인 것입니다.
- 인간이 육체의 생명을 유지하기 위해 숨을 쉬어야 하는 것처럼, 영적인 생명을 위해서는 하나님과 인격적 관계를 통한 영적 호흡을 유지해야 합니다. 이 호흡이 단절되었을 때 인간은 영적 죽음의 상태에 빠질 수밖에 없는 것입니다.

위의 부분을 함께 읽은 후, 양육자는 새가족에게 다음과 같이 말한다.

"하나님과의 관계가 단절되고, 영적 호흡이 끊긴 사람의 상태가 바로 죄의 상태입니다."

3 죄란 무엇입니까?

양육자는 새가족용 교재의 "죄란 무엇입니까?" 부분을 찾아 가리키면서 새가족과 함께 읽는다.

- 죄란 바로 하나님과의 관계 단절의 상태를 말합니다.
- 인간이 인간의 근원인 하나님을 떠나 하나님과 관계가 없는 상태, 그것이 바로 죄의 상태입니다.
- 죄의 상태에서 인간은 온전한 생명이 될 수 없습니다.

  "여호와께서 이르시되 나의 영이 영원히 사람과 함께하지 아니하리니 이는 그들이 육신이 됨이라"(창세기 6장 3a절)

- 하나님의 생기가 없는 존재는 단순히 육체일 뿐, 영적으로도 살아 있는 온전한 생명이 될 수 없습니다.

위의 부분을 함께 읽은 후, 양육자는 새가족에게 다음과 같이 말한다.

"예! 그렇습니다. 하나님을 떠나고 영적 호흡이 끊긴 상태가 바로 죄의 상태입니다. 죄의 상태에서 인간은 영적 생명을 잃어버려 온전한 생명이 될 수 없는 것입니다. 그러면 이제 자신의 모습을 돌아보십시오. 자신은 온전한 생명의 상태로 있습니까? 아니면 죄 가운데 있습니까?"

위의 질문에 대한 새가족의 답을 경청한 후, "예, 그렇습니까?"와 같은 말로 새가족의 대답에 반응한다. 새가족의 말을 다 들은 후에는 다음과 같이 말하면서 다음으로 넘어간다.

"죄는 단순히 하나님과의 단절 상태만을 의미하는 것이 아니라, 눈에 보이는 구체적인 죄의 행위와 결과들을 동반합니다."

죄의 결과는 무엇입니까?

양육자는 새가족용 교재의 "죄의 결과는 무엇입니까?" 부분을 찾아 가리키면서 새가족과 함께 읽는다.

> ○ 죄의 결과는 무엇보다 하나님을 떠나서 사는 것으로부터 오는 공허함, 진정한 평안과 행복이 없는 불완전한 삶입니다.
> ○ 죄는 우리로 하여금 계속해서 하나님 없이 살려고 하는 경향성을 갖게 합니다. 죄는 부패와 타락, 미움, 시기, 살인, 전쟁, 간음, 도둑질, 거짓말, 비방과 같은 구체적인 죄악을 저지르는 삶을 죄의 결과로 동반합니다. 하나님을 떠난 사람은 그 마음 자체가 악하여져서 실제적인 죄악을 저지르는 데로 나아가는 것입니다.
>
> "마음에서 나오는 것은 악한 생각과 살인과 간음과 음란과 도둑질과 거짓 증언과 비방이니"(마태복음 15장 19절)
>
> ○ 죄의 결과는 불완전한 삶, 하나님 없이 살려는 경향성, 그리고 실제적으로 죄악을 저지르는 삶인 것입니다.

위의 부분을 함께 읽은 후, 양육자는 새가족에게 다음과 같이 말한다.

"예! 그렇습니다. 죄의 결과는 삶의 공허함과 불완전함만이 아니라, 구체적 죄악을 저지르는 삶을 동반합니다. 자신을 돌아보십시오. 부패와 타락, 미움과 사기, 살인과 전쟁, 간음, 도둑질, 거짓말, 비방과 같은 죄악에로의 경향성이 느껴지십니까?"

위의 질문에 대한 새가족의 답을 경청한 후, 아래와 같이 말하면서 다음으로 넘어간다.

"그러면 죄의 상태에서 벗어날 길이 있을까요?"

인간은 다시 근원을 회복할 수 있을까요?

양육자는 새가족용 교재의 "인간은 다시 근원을 회복할 수 있을까요?" 부분을 찾아 가리키면서 새가족과 함께 읽는다.

> 그러면 하나님을 떠나 죄인의 상태로 살아가는 사람은 어떻게 해야 할까요?
> 다시 근원을 회복할 수 있을까요?
> 하나님과 관계를 다시 맺을 수 있을까요?

위의 질문을 읽은 후 양육자는 다음과 같이 답한다.

"예, 있습니다. 회복할 수 있는 길이 있습니다. 예수님을 만나면 됩니다. 예수님에 대해서는 다음 만남 때에 말씀드리도록 하겠습니다."

마음을 여는 스토리텔링

이 지점에서 양육자는 자신이 예수님을 만나기 전, 혹은 하나님 없이 살았을 때의 이야기를 구체적으로 들려주면서 그 이야기로 2과에서

다루었던 내용, 즉 하나님 없이 사는 삶은 영적 죽음의 삶이고, 공허하고 불안한 삶이자, 자신이 주인이 되려는 삶이며, 더 나아가 구체적인 죄를 짓는 삶이라고 하는 내용을 요약적으로 담아내면 좋겠다. 여기에서 양육자는 기꺼이 자신이 예수님 없이 살았을 때를 새가족 앞에서 드러내는 용기를 가져야 한다. 우리를 구원하시기 위해 예수님이 생명을 버리신 것처럼 한 영혼을 구원하기 위해서는 희생적이고 헌신적 노력이 요청된다.

6 기도로 마칩니다.

양육자가 새가족을 위해 기도하고 둘째 날의 모임을 마치도록 한다.

○ 기도문 예시

"하나님 감사합니다.
오늘 새가족 _____ 형제님(자매님)과 함께 인간은 그 근원이 하나님에게 있고, 하나님과의 영적 교제 가운데에 있어야만 온전한 생명으로 살 수 있는 존재라고 하는 점을 공부하게 하시니 감사합니다.
하나님, 새가족 _____ 형제님(자매님)이 하나님과의 관계를 다시 회복할 수 있도록 도와주십시오. 새가족 양육과정을 통해서 하나님을 만나게 하시고, 하나님과 바른 관계 안에서 온전한 생명을 회복할 수 있도록 도와주십시오.
한 주간도 새가족 _____ 형제님(자매님)을 지켜주시고 보호하여 주시옵소서. 예수님 이름으로 기도합니다. 아멘."

예수님, 믿음, 구원

3

제3과
예수님, 믿음, 구원

앞의 2과는 새가족이 예수님을 영접하기에 앞서, 자신이 누구인지, 자신의 현주소를 돌아보도록 하는 것에 초점이 맞추어졌던 과였다. 이제 3과에서는 자신을 죄인으로 인식하게 된 새가족에게 예수 그리스도를 소개한 후 그분을 인격적으로 영접하도록 인도하는 과이다. 이 과는 특별히 새가족 양육반의 클라이맥스라고 할 수 있는 예수님을 전하고 영접하도록 초대하는 과이다. 따라서 이 과를 시작하기 위해 양육자는 특별히 기도로 준비되어야 한다. 하나님께서 이 과의 진행을 주관해 주시고, 새가족의 마음을 움직이시어 예수님을 주님으로 영접할 수 있도록 기도하는 것이야말로 이 과의 시작을 위한 가장 중요한 준비이다.

3과의 목적

❶ 새가족이 자신이 하나님을 떠난 죄인인 것을 깨닫는다.
❷ 새가족이 예수님이 하나님과 새가족을 화해시키는 분이시며, 새가족을 위해 십자가에 돌아가셨음을 알게 한다.
❸ 새가족이 예수님을 구주와 주님으로 영접하게 한다.

3과의 진행

- 이 과는 먼저 지난 2과를 상기시키면서 새가족이 하나님을 떠나 살면 죄인이라는 것을 분명하게 깨닫게 하는 것으로 시작한다.
- 그를 바탕으로 예수 그리스도를 소개하면서 그가 하나님이 세상을 사랑하셔서 보낸 분이며, 새가족을 위해 십자가에 못박혀 죽었다가 부활하신 분이라고 하는 것을 분명하게 전달한다.
- 예수 그리스도를 새가족이 영접할 수 있도록 먼저 양육자가 어떻게 예수님을 영접하였는지, 예수님이 양육자의 삶을 어떻게 변화시켰는지 간증의 형식으로 전하고, 새가족에게 예수님을 영접할 것을 권한다.
- 새가족과 함께 영접기도를 드린다.

3과의 시작

- 양육자는 앞의 2과에서 살펴본, 하나님과의 관계가 단절된 사람은 죄의 상태에 있다는 것을 새신자에게 다시 한 번 상기시킨다.

"앞의 2과에서 우리는 하나님과 관계가 단절된 사람은 죄 가운데 있으며, 영적 호흡이 단절되어 영적 죽음 상태에 있어서, 진정한 평안과 행복이 없는 삶이라고 하는 것을 살펴보았습니다. 또한 하나님과 관계가 단절된 사람은 하나님 대신 자신이 자신의 인생의 주인이 되려 하고, 실제적인 죄의 행위를 행하는 사람이라고 하는 것을 살펴보았습니다. 자연 상태에서 모든 사람은 하나님과 관계가 단절되어 있고, 따라서 죄인이라고 할 수 있습니다."

1 당신은 죄인입니다.

양육자는 새가족에게 먼저 하나님을 떠난 사람은 모두 죄인임을 알려 준다.

"성경은 모든 사람들이 자연 상태에서 죄인이고 하나님과 관계가 단절되어 있음을 분명히 말하고 있습니다."

새가족용 교재에 나와 있는 아래 칸의 내용을 새가족에게 읽어 보도록 권한다.

- - - - - "모든 사람이 죄를 범하였으매 하나님의 영광에 이르지 못하더니"
(로마서 3장 23절)

위의 내용을 함께 읽은 후, 양육자는 새가족에게 묻는다.

"그렇게 볼 때, 새가족 _____형제님(자매님)도 하나님과의 관계가 단절되어 있는 죄인입니다. 그와 같은 점을 새가족 _____형제님(자매님)도 공감하십니까?"

2 그러면 어떻게 해야 할까요?

양육자는 새가족에게 먼저 질문한다.

"새가족 _____형제님(자매님)께서는 그러면 죄의 상태에서 벗어나기 위해서 무엇인가 해 본 적이 있습니까?"

질문에 대한 답을 들어 본 후에 새가족용 교재에 나와 있는 아래의 내용을 새가족에게 읽어 준다.

> 많은 사람들이 죄의 문제를 해결하고 하나님과 관계를 회복하려고 다각도로 노력했습니다.
>
> > 선행을 해서 공로를 쌓음으로써,
> > 도덕적으로 깨끗한 삶을 삶으로써,
> > 철학적인 탐구나 깨우침을 통해서,
> > 종교를 가지고 종교의식을 행함으로써
>
> 그러나 이 같은 것으로써는 죄의 문제를 해결할 수 없었습니다.

양육자는 새가족에게 아래의 성경구절을 읽도록 권한다.

"성경에 아래와 같이 쓰여 있습니다. 아래의 글을 함께 읽어 볼까요?"

• • • • • "이 세상이 자기 지혜로 하나님을 알지 못하므로"(고린도전서 1장 21a절)

"이 말씀에 나타난 대로 인간의 힘과 지혜만으로 우리가 하나님을 알거나 하나님과 관계를 회복하는 것은 불가능한 것입니다."

3 회복할 길이 있습니다.

양육자는 아래 칸의 내용을 새가족에게 읽어 준다.

○ 하나님과의 관계 단절은 하나님만이 극복하실 수 있습니다.
○ 우리를 죄에서 해방시키고, 하나님과의 관계를 회복하는 것을 그 누구보다 원하는 분은 하나님이십니다.
○ 그래서 하나님은 우리에게 그의 아들 예수 그리스도를 이 세상에 보내 주셨습니다.

아래 칸을 새가족과 함께 큰 소리로 읽어 본다.

"저와 함께 이 성경구절을 큰 소리로 읽어 보지 않으시겠습니까?"

"하나님이 세상을 이처럼 사랑하사 독생자를 주셨으니 이는 그를 믿는 자마다 멸망하지 않고 영생을 얻게 하려 하심이라"
(요한복음 3장 16절)

"예 그렇습니다. 하나님은 이 세상 사람들이 죄와 영적 죽음의 상태에서 사는 것을 원치 않으시고, 그들을 회복하기 위하여서 그의 아들 예수 그리스도를 우리에게 보내 주셨습니다."

예수님은 당신을 위해 죽으시고, 다시 사신 분입니다.

"예수님에 대해 조금 더 살펴봅시다."

"예수님은 하나님의 아들로 이 세상에 오셨습니다.
하나님께서 인간을 사랑하셔서 우리를 죄에서 구원하시기 위하여 그의 아들 예수 그리스도를 이 세상에 보내셨습니다."

• • • • • "사랑은 여기 있으니 우리가 하나님을 사랑한 것이 아니요 하나님이 우리를 사랑하사 우리 죄를 속하기 위하여 화목제물로 그 아들을 보내셨음이라"(요한1서 4장 10절)

"예수님은 자기 목숨을 내주고 십자가에서 죽을 만큼 세상의 사람들을 사랑하셨는데, 그것으로 하나님이 세상을 얼마나 사랑하시는지를 보여 주셨습니다."

• • • • • "우리가 아직 죄인 되었을 때에 그리스도께서 우리를 위하여 죽으심으로 하나님께서 우리에 대한 자기의 사랑을 확증하셨느니라"
(로마서 5장 8절)

"그렇지만 예수님은 죽은 후 사흘 만에 다시 살아나셨습니다.
부활로써 예수님은 죄와 사망을 이기셨고, 또한 우리에게도 죄를 이기고, 죽음의 세력들을 이길 수 있는 새로운 희망을 주셨습니다."

제3과 예수님. 믿음. 구원

- - - - - "내가 받은 것을 먼저 너희에게 전하였노니 이는 성경대로 그리스도께서 우리 죄를 위하여 죽으시고 장사 지낸 바 되셨다가 성경대로 사흘 만에 다시 살아나사"(고린도전서 15장 3-4절)

"예. 예수님은 하나님의 아들로 이 세상에 오셨고, 우리의 죄를 대신하여 십자가에서 죽으셨고, 죽은 후 죽음을 이기고 다시 부활하심으로 우리에게 새로운 희망이 되셨습니다."

예수님을 영접하십시오.

"형제님(자매님)이 할 일은 오직 예수 그리스도를 믿고 그를 주님으로 영접하는 것입니다. 그러면 당신은 하나님의 자녀가 될 수 있습니다. 아래의 성경구절을 큰 소리로 함께 읽어 봅시다."

- - - - - "영접하는 자 곧 그 이름을 믿는 자들에게는 하나님의 자녀가 되는 권세를 주셨으니"(요한복음 1장 12절)

"예. 예수 그리스도를 영접하고 그를 믿는 사람은 하나님의 자녀가 되고, 단절된 하나님과의 관계가 다시 열리게 되는 것입니다."

- - - - - "내가 곧 길이요 진리요 생명이니 나로 말미암지 않고는 아버지께로 올 자가 없느니라"(요한복음 14장 6b절)

"예수님을 통해서 우리에게는 하나님께로 갈 수 있는 길이 열리게 되는 것입니다. 예수님을 통해서 우리는 죄와 사망에서 생명으로 옮겨지게 되며, 하나님을 아버지라고 부르며 그에게로 갈 수 있는 것입니다."

6 예수님을 만난 사람들에게는 새로운 삶이 열렸습니다.

마음을 여는 스토리텔링

이 부분에서 양육자는 새가족에게 자신이 어떻게 예수님을 만나게 되었는지, 그 일이 자신의 삶에서 어떠한 변화를 가져왔는지 간증 이야기의 형식으로 들려준다.

○ 예수님을 만난 사람들의 이야기를 들어 보십시오.
○ 그들의 삶에 얼마나 놀라운 일이 일어났는지…….

이 부분은 새가족이 좀 더 실제적이고 인격적으로 예수님을 경험하고 느끼게 해 주는데 중요한 통로가 될 것이다. 따라서 양육자는 미리 자신의 이야기를 간증의 형식으로 준비하여서 감동적으로 전할 수 있도록 최선을 다해야 하며, 성령께서 역사하셔서 새가족의 마음을 움직이시도록 기도로 준비해야 할 것이다.

예수님은 당신을 찾으시고 기다리고 계십니다.

양육자는 예수님이 새가족을 찾고 기다리고 계신다는 것을 강조한다.

"당신이 그 어떤 큰 죄를 지었고, 당신이 스스로 하나님의 자녀가 될 자격이 없다고 생각한다 할지라도 그런 당신을 예수님은 찾고 또 기다리고 계십니다."

"볼지어다 내가 문 밖에 서서 두드리노니 누구든지 내 음성을 듣고 문을 열면 내가 그에게로 들어가 그와 더불어 먹고 그는 나와 더불어 먹으리라"(요한계시록 3장 20절)

"그 어떤 조건도 없이 여러분이 마음의 문을 열고 예수님을 받아들이면, 예수님은 여러분께로 들어가셔서 새로운 삶을 시작하도록 하십니다."

8 예수님을 영접하시겠습니까?

이제 양육자는 새가족에게 묻는다.

"형제님(자매님)의 문 앞에서 기다리시는 예수님을 영접하시겠습니까?"

답을 기다린 후 새가족이 "예"라고 답하면 예수님을 영접하는 기도를 함께 드리자고 권한다.

"예수님을 영접하는 기도를 함께 드리겠습니다."

그리고 새가족이 따라 읽을 수 있도록 한 문장 한 문장 먼저 읽고, 새가족이 따라 읽도록 한다.

> "하나님, 저는 하나님이 저를 사랑하셔서 하나님의 아들 예수 그리스도를 보내 주신 것을 믿습니다. 또한 예수님이 저를 위해 십자가에 못 박혀 죽으시고 부활하신 것을 믿습니다. 저는 이제 예수님을 저의 구주와 주님으로 제 마음에 모셔드리겠습니다. 제 안에 들어오셔서 저의 주인이 되어 주십시오. 예수님의 이름으로 기도합니다. 아멘."

기도를 함께 한 후 새가족을 축하해 준다.

"축하합니다. 예수님을 믿으신 것을 축하합니다. 하나님의 자녀가 되신 것을 축하합니다. 하나님께서 새가족 _____ 형제님(자매님)의 새로운 인생을 놀랍게 축복해 주시고 동행해 주시기를 바랍니다."

9 기도로 마칩니다.

다음 주에는 신앙인으로서 반드시 알아야 할 기본적인 신앙생활에 관하여 알려 줄 것임을 미리 공지한 후 기도로 마무리한다.

○ 기도문 예시

"하나님 아버지, 오늘 새가족 _____ 형제님(자매님)을 만나 주시고, 예수님을 구주와 주님으로 영접하게 하시니 감사합니다.
앞으로 _____ 형제님(자매님)의 삶을 늘 동행해 주시고, 하나님께서 예비하신 크고 놀라운 은혜와 축복을 경험하는 삶을 살 수 있도록 인도하여 주십시오. 새가족 _____ 형제님(자매님)의 영적인 눈이 열려 하나님이 그의 삶을 인도하시는 분이신 것을 분명히 보게 하여 주시고, 세상을 향하여 복의 통로가 되는 삶을 살 수 있게 인도하여 주십시오. 한 주간도 하나님께서 새가족 _____ 형제님(자매님)을 지켜 보호하여 주시기를 바라며 예수님의 이름으로 기도합니다. 아멘."

교회생활

4

제4과
교회생활

앞의 3과에서 새가족이 예수님을 인격적으로 영접하였다면, 이제 4과는 새가족이 교회에서 신앙생활을 하는데 있어서 가장 기본적인 요소인 교회, 예배, 기도, 성경에 대해서 간략하고 분명하게 소개받고, 그에 참여할 수 있도록 도와주는 과이다.

4과의 목적

❶ 새가족이 교회생활의 기초개념, 즉 교회, 예배, 기도, 성경에 대한 간략하고 분명한 의미를 알게 한다.
❷ 새가족이 교회, 예배, 기도, 성경과 친숙해지고, 그들을 기뻐하며 기대하게 한다.
❸ 새가족이 교회생활에 참여하도록 동행하고 도와줌으로써, 교회에 쉽게 적응할 수 있도록 한다.

4과의 진행

● 이 과는 교회생활의 기초인 교회, 예배, 기도, 성경에 대해 알려 주는 과이다. 한 주에 다 다룰 수도 있겠지만, 다소 분량이 많다고 생각되면 두 주에 걸쳐 다루어도 좋겠다.

4과의 시작

● 양육자는 새가족에게 이번 과가 교회에서 신앙생활을 처음으로 하게 되는 사람들에게 꼭 필요한 지침을 주는 과라고 알리면서 다음과 같은 안내와 활동으로 시작한다.

교회의 여러 장소들 소개하기

"그동안 교회에 와서 예배드릴 때 처음 들어 보는 단어가 많아 힘드셨죠? 오늘은 교회생활의 가장 기초적인 개념 및 활동들의 의미를 알려드리고, 또 함께 실습도 해 보도록 하겠습니다. 그런데 오늘은 함께 공부를 시작하기 전에 우리 교회의 여러 장소들을 둘러보고 소개하는 것을 먼저 하도록 하겠습니다."

그렇게 말한 후 양육자는 새가족에게 교회 여러 장소들을 돌아보며 소개하고, 양육장소로 다시 돌아와 이 과를 진행하도록 힌다. 각 교회에서는 미리 소개할 장소 및 코스를 정해 놓고 이때 소개하면 좋다.

교회는 하나님의 집입니다.

양육자는 아래 칸의 내용을 새가족과 함께 읽은 후, 칸 아래의 내용으로 다시 한 번 부연 설명해 준다.

○ 교회는 하나님의 집이고, 그곳에는 예수를 구주로 믿고 고백하는 성도들이 함께 모입니다.

• • • • • "이 집은 살아 계신 하나님의 교회요 진리의 기둥과 터니라"
(디모데전서 3장 15b절)

"교회는 하나님의 집입니다. 우리는 이곳에서 하나님을 만나고 하나님이 우리와 함께 계심을 경험하며 하나님께 예배드릴 수 있습니다. 하나님은 '영'이셔서 우리 눈에 보이지 않을지 모르지만, 영으로 이곳에 함께 계시니, 하나님 앞에 몸과 마음가짐을 경건하게 하고 세상의 다른 모임과는 구별된 장소라고 하는 생각을 가져야 할 것입니다."

"교회는 다양한 사람들이 많이 모여 있는 곳이지만, 그들은 모두 예수를 구주로 믿고 고백하는 성도들이라고 하는 점에서는 공통점이 있습니다."

○ 교회는 성도들이 함께 모여서 다섯 가지의 삶을 공유하는 곳입니다.

첫째, 교회에서 우리는 하나님께 예배하고 기도합니다.
둘째, 교회에서 우리는 하나님의 말씀을 듣고 배웁니다.
셋째, 교회에서 우리는 믿음의 형제, 자매들과 사귐을 갖습니다.
넷째, 교회에서 우리는 교회 안과 밖의 어려운 사람들을 돕고 섬깁니다.
다섯째, 교회에서 우리는 다른 사람들을 전도하도록 보냄을 받습니다.

"교회는 처음부터, 위의 다섯 가지를 핵심적인 삶의 양식으로 삼아 왔습니다. '예배', '말씀 배움', '형제와의 사귐', '봉사', '전도' 이 다섯 가지는 교회를 교회 되게 하는 활동들입니다."

"흔히들 교회에 안 가고도 믿음을 지킬 수 있다고 생각하지만, 우리는 교회를 통해서 우리의 믿음을 지켜갈 수 있고, 또한 믿음의 성장을 이룰 수 있습니다. 교회의 이 다섯 가지 활동에 참여할 때 우리의 신앙은 균형 있게 성장할 수 있습니다."

○ 교회 없이 신앙이 성장하는 것은 불가능합니다. 교회는 울타리와 같이 우리의 신앙을 지켜 주고 보호해 주는 곳입니다.

• • • • • "또 내가 네게 이르노니 너는 베드로라 내가 이 반석 위에 내 교회를 세우리니 음부의 권세가 이기지 못하리라"(마태복음 16장 18절)

"교회는 예수를 그리스도요 하나님의 아들로 고백한 베드로의 고백 위에 예수님이 세우셨습니다. 예수님은 이 교회에서는 악이 궁극적으로 승리할 수 없는 곳이라고 말씀하셨습니다. 그래서 교회는 성도의 믿음을 지켜 주고 보호해 주는 곳입니다."

2 예배는 하나님께 드리는 것입니다.

양육자는 아래 칸의 내용을 새가족과 함께 읽은 후, 칸 아래의 내용으로 다시 한 번 부연 설명해 준다.

- 예배는 예수 그리스도로 거듭난 사람들이 하나님께 나아가 하나님을 만나는 의례입니다.
- 예배는 하나님께 감사와 찬양을 드리고, 또한 하나님의 말씀을 듣고, 그에 반응하는 것입니다.

"예배는 하나님께 드리는 행위입니다. 그래서 예배는 하나님께 나아가 하나님께 감사와 찬양을 드리고, 목사님을 통해서 하나님의 말씀을 듣고, 그에 응답하는 행위입니다."

예배는 공동체가 함께 드리는 것이기에 순서가 있습니다.

- 예배는 하나님을 뵙는 일이기에, 먼저 '하나님께 나아가는 순서'가 있습니다. '예배로의 부름'이나 '묵도', '예배를 위한 기도'와 같은 순서들이 그것입니다. 이 순서에서 우리는 마음을 가다듬고 하나님께 몸과 마음을 집중하고, 하나님께 나아가도록 합니다.

- '찬송'은 하나님을 찬양하는 노래입니다. 순서지에 제시된 찬송을 찬송가에서 미리 찾아 놓고 함께 부릅니다.
- '신앙고백'은 우리가 믿는 신앙의 내용을 고백하는 순서입니다.
주로 성경책의 맨 앞부분을 펴면 '신앙고백'이 제시되어 있으니, 아직 신앙고백을 암송하지 못하였으면 그것을 읽어도 됩니다.
- '참회의 기도'는 하나님 앞에 예배드리는데 거리끼는 우리들의 잘못을 하나님 앞에 회개하여 하나님과 관계를 회복하고 예배드리기에 합당하게 되는 순서입니다. 침묵 가운데 지난 시간 하나님 앞에 지은 죄를 회개하고, 하나님께 용서를 받습니다.
- '공동의 기도'는 성도들 중 한 분이 대표로 기도하는 순서이고, 다른 모든 성도들은 침묵으로 함께 기도를 드립니다. 기도가 끝났을 때는 모든 성도들이 다 같이 "아멘"을 말함으로써, 그것이 대표로 기도하는 분만의 기도가 아니라 모든 성도들이 함께 올려 드리는 기도가 됩니다.
- '성경봉독'은 그날 설교에서 선포될 성경의 본문을 읽는 순서입니다. 인도자가 대표로 읽지만 모든 성도들은 성경본문을 함께 찾고, 눈으로 따라 읽거나 혹은 번갈아서 교독을 하기도 합니다. 따라서 새가족은 예배 전에 미리 성경의 본문을 찾아 표시를 해 놓고, 성경봉독을 함께 할 수 있도록 준비하는 것이 좋습니다.
- '설교'는 목사님이 봉독된 성경말씀을 중심으로 하나님의 말씀을 선포하는 시간입니다. 새가족은 설교 말씀을 통해 하나님께서 자신에게 말씀하시는 것이 무엇인지 묻는 마음으로 설교를 귀기울여 듣습니다.
- '헌금'은 하나님 앞에 감사로 드리는 헌물입니다. 헌금은 교회의 유지를 위해서도 사용되지만, 교회 안팎의 어려운 사람을 구제하거나 교육 및 선교 등에 사용됩니다. 헌금은 자신의 돈이 하나님으로부터 왔음을 인정하고 고백하며 드리는 것이기에 자신의 소유 중 구별하여 잘 준비해서 드립니다. 헌금을 드릴 형편이 되지 않으면 드리지 않을 수도 있습니다. 우리의 형편을 모두 아시는 하나님께서는 그 마음을 이해하십니다.
- '축도'는 목사님이 두 손 들고 하는 축복기도입니다. 이 기도를 통해 목사님은 우리 모두에게 주시는 하나님의 복을 선포해 주십니다.

양육자는 위의 제시된 예배의 기본 요소를 설명해 주고, 지교회에서 드리는 예배의 순서를 주보를 나란히 놓고 비교하면서 소개한다.

○ 예배는 우리의 진심을 다하여 드리고, 온 몸과 마음과 혼을 다하여 진정으로 하나님께 드려야 합니다.

"하나님은 영이시니 예배하는 자가 영과 진리로 예배할지니라"
(요한복음 4장 24절)

"예배는 하나님께 드리는 것이므로 예배자들은 세상에서의 모든 근심과 염려를 내려놓고, 잡생각을 차단하고, 온 몸과 마음과 생각을 하나님께 집중하여 드리도록 합니다."

활동

양육자는 새가족 양육이 이루어지는 전 기간 동안 새가족과 함께 주일예배를 드리면서, 예배의 순서에 따라 성경과 찬송을 함께 찾고, 또 예배의 진행에 따른 안내와 도움을 주도록 한다.

3 기도는 하나님과의 대화입니다.

○ 기도는 하나님과의 영적 대화입니다.

하나님께
도움을 청하고,
하나님의 음성을 들으며,
그 뜻을 깨닫고,
따르는 것입니다.

"기도는 하나님과의 대화입니다. 그것은 어떤 형식적인 말이 아니라, 마치 부모님과 대화하듯, 하나님께 자신의 마음을 꺼내 놓고, 때때로 도움을 청하기도 하고, 또 하나님의 뜻과 생각을 들어보기도 하는 하나님과의 대화입니다. 우리가 사랑하는 사람과의 대화를 기뻐하고 즐거워하듯이, 신앙이 깊어지고 하나님과의 관계가 깊어지면 기도를 기뻐하고 더욱 간절히 원하게 되는 것입니다."

○ 어떤 순서로 기도해야 할까요?

정해진 순서가 있는 것은 아니지만 아래의 순서로 기도하면 좋습니다.
하나님 부르기, 하나님 아버지!
죄와 허물 고백하기
감사하기
도움 청하기
다른 사람을 위하여 기도하기
"예수님의 이름으로 기도합니다"와 "아멘"으로 마치기

"기도는 정해진 순서가 있는 것은 아니지만 하나님과 하는 대화이니, 우리의 대화에서처럼 시작할 때 하나님을 부르는 것으로 시작하는 것이 좋습니다."

"그리고 위의 순서대로 기도하는 것이 좋지만 반드시 그 순서대로 해야 하는 것은 아니고, 특별히 개인적으로 기도할 때는 아버지 앞에서 말하듯 자연스럽게 하는 것이 좋습니다."

"그러나 반드시 기도의 마지막을 '예수님의 이름으로 기도합니다'로 마무리합니다. 이 말은 우리 스스로는 하나님께 말씀드릴 자격이 없지만 하나님께서 우리에게 보내 주신 하나님과 우리 사이의 중재자인 예수님 이름을 빌어서 기도한다는 뜻으로 하나님께서 우리의 기도를 들어주시기를 바라는 마음의 표현입니다.

또한 '아멘'이란 말로 마무리하는데, 이 단어는 '그렇게 되기를 소원한다' 혹은 '믿습니다'라는 의미의 히브리어입니다. 혼자 기도할 때에도 아멘으로 끝내지만 공동체에서 한 사람이 대표로 기도했을 때에도 마지막에는 모든 사람들이 '아멘'이라고 말함으로써 대표로 기도한 사람의 기도가 그렇게 되기를 소원합니다, 혹은 믿는다는 것을 함께 표현하도록 합니다."

활동

마음을 여는 스토리텔링

양육자는 자신에게서 기도가 어떤 의미를 가지는지, 혹은 기도를 통하여 경험하였던 하나님의 특별한 은혜를 새가족에게 나누면서 새가족이 기도할 수 있도록 독려해 준다.

- 그리고 이 시간에 양육자는 특별히 새가족을 위해서 함께 손을 잡고 기도한다.

4 성경은 하나님의 말씀입니다.

성경에 대한 보다 자세한 것은 세례교육 때에 이루어질 것이므로 새가족반에서는 아주 기초적인 것만을 다루는 것이 좋겠다.

○ 성경은 하나님이 우리를 구원하기 위해서 주신 생명의 말씀입니다. 그래서 성경은 우리를 예수 그리스도를 믿는 믿음과 구원에 이르게 합니다.

• • • • • "오직 이것을 기록함은 너희로 예수께서 하나님의 아들 그리스도이심을 믿게 하려 함이요 또 너희로 믿고 그 이름을 힘입어 생명을 얻게 하려 함이니라"(요한복음 20장 31절)

"예. 그렇습니다. 성경은 하나님께서 우리에게 주신 말씀이기에 세상의 다른 책과는 다른 책입니다. 그 책 안에는 구원과 생명이 있습니다."

○ 성경은 우리를 온전하게 사는 길로 인도하며, '어떻게 살아야 하는가?'에 대한 해답을 주는 책입니다. 그래서 성경을 만나는 사람마다 인생이 바뀌는 것입니다.

• • • • • "모든 성경은 하나님의 감동으로 된 것으로 교훈과 책망과 바르게 함과 의로 교육하기에 유익하니"(디모데후서 3장 16절)

"성경은 인간의 언어로 쓰인 책이지만 하나님의 영적 감동으로 쓰여진 책이고, 현재에도 그 책을 통해 지속적으로 우리에게 말씀하시며, 성령의 능력이 나타나는 책입니다."

- 신앙인은 늘 성경을 가까이하며 성경을 통해 말씀하시는 하나님의 음성을 들어야 할 것입니다.
- 우리는 다음과 같은 여러 기회를 이용하여 성경의 말씀을 듣고 공부해야 할 것입니다.

  예배나 집회에서 목사님의 설교를 통해
  구역예배나 소그룹 모임에서의 말씀나눔을 통해
  각종 성경공부 모임을 통해
  스스로 성경말씀을 읽음을 통해

"주의사항! 누군가가 새가족에게 다가와 교회에서 배정받게 될 구역(소그룹)이나 교회 외의 장소에서 성경공부를 하자는 제안을 하면 반드시 교회에 문의를 해서 그 모임이 교회의 모임이 맞는지 확인해야 합니다. 신천지와 같은 이단에서 접근하는 것에 대해 주의를 기울여야 할 것입니다."

활동

- 이때 교회의 형편에 따라 새가족에게 성경을 선물할 수 있다.
- 성경은 구약 39권과 신약 27권, 도합 66권으로 이루어진 책이라는 것을 알려 주고, 성경을 직접 펴서 구조를 설명해 준다.
- 성경책의 약자표를 펴고 약자로 된 제목을 보고 성경을 찾는 법을 알려 주고, 또한 성경의 구조가 장과 절로 되어 있다는 것도 알려 준다.
- 성경 찬송가 합본의 구조와 사용을 설명해 준다.

마음을 여는 스토리텔링

가능하다면 양육자 자신이 성경을 읽으며 경험한 특별한 은혜 체험의 이야기를 새가족에게 나누면서 새가족에게도 성경읽기를 독려한다.

질문이 있습니까?

위의 내용을 다 다룬 후, 새가족에게 질문할 기회를 주는 것이 좋겠다.

이때 새가족이 다른 내용에 대한 질문을 던져서 대화가 엉뚱한 데로 빠져 버리지 않도록 주의하면서 오늘 함께 나누었던 내용에 대해서 질문하도록 유도한다.

"오늘 우리가 함께 나누었던 내용이 참 많았지요?
교회, 예배, 기도, 성경에 대해서 들은 내용 중에서 잘 이해가지 않은 부분이 있으신가요? 참고로 말씀드리면 새가족 _____ 형제님(자매님)은 앞으로 세례자 교육반이나 여러 성경공부반을 통해서 오늘의 주제에 대해 더 심화된 내용을 배울 수 있을 것입니다. 심화된 질문은 앞으로 신앙생활을 하시면서 답을 알아가기로 하고요. 오늘 함께 나눈 내용에서 질문이 있으면 해 주세요."

양육자는 질문에 친절하게 답한 후, 전체의 내용을 요약해 준다.

6 기도로 마칩니다.

○ 기도문 예시

"하나님,
오늘 새가족 _____ 형제님(자매님)과 함께 교회생활의 기초에 대해서 살펴볼 수 있도록 은혜 주신 것 감사합니다. 앞으로 형제님(자매님)이 교회생활에서 기쁨과 의미를 찾을 수 있도록 도와주시고, 이 교회의 생활을 통해서 신앙이 성장하여 하나님을 더욱 알아갈 수 있도록 인도하여 주옵소서. 예수님 이름으로 기도합니다. 아멘."

교회 정착

5

제5과
교회 정착

이 과는 새가족 양육의 마지막 과로서 새가족이 교회에 정착할 수 있도록 도움을 주는 과이다. 따라서 이 과에서는 새가족에게 교회를 소개하고, 구역(소그룹)을 소개함으로써 새가족이 실제적으로 교회 안으로 들어와 자리 잡을 수 있도록 돕는 일에 초점을 맞추게 된다. 이 과는 어떤 교리적 내용을 설명하기보다는 새가족을 실제적으로 교회와 구역(소그룹)에서 환영함으로써 새가족이 교회에 대해 좋은 인상을 얻도록 하고, 교회에서 환영받고 있다고 느끼고, 교회생활에 정착할 수 있도록 돕는 것에 초점이 있다.

5과의 목적

❶ 새가족이 출석하게 된 교회에 대해 소개받고, 교회와 친숙해진다.
❷ 새가족이 구역(소그룹)으로 인도되고, 그 안의 식구들과 만나며 구역(소그룹)의 생활에 참여하게 된다.
❸ 새가족이 구역(소그룹) 안에서 새로운 멘토를 만나고, 교회생활에 정착하게 된다.

5과의 진행

● 이 과는 지금까지 양육자와 새가족의 일대일 관계에서 이루어졌던 양육의 형태를 벗어나서 교회의 지도자들이 직접 새가족을 환영하고 교회에 관하여 소개함으로써 새가족이 교회에 적응하도록 돕고, 더 나아가 새가족이 구역(소그룹)에 들어가서 구역의 식구들과 직접 만나고 구역(소그룹)에 관하여 소개받으며 구역(소그룹) 안으로 적응해 들어갈 수 있도록 진행된다.

● 따라서 이 과는 일종의 수료식이나 새가족 환영회의 형태로 진행되도록 하는 것이 좋겠다. 담임목사, 교회의 새가족반 담당교역자 및 새가족이 속할 교구목사, 그리고 남선교회 · 여전도회 등의 기관장, 구역장(소그룹 리더) 등 새가족과 관련된 모든 교회의 지도자들이 함께 참여하여, 새가족이 교회에 정착할 수 있도록 돕는다. 교회의 형편과 새가족의 수에 따라서 이 마지막 과는 여러 새가족이 함께 참여한 가운데 진행하면서, 음식과 다과를 준비하여 일종의 환영회처럼 진행하면 좋겠다. 새가족 수가 적은 경우는 새가족의 식구(어린이, 청소년 포함)들을 초청하여 특별한 환영회를 하는 것도 잊을 수 없는 환영회가 될 것이다.

● 이 과는 교회에서의 순서를 마치고, 이어서 새가족을 구역(소그룹)에로 인도하여 그곳에 정착하게 되는 활동도 포함하고 있다. 교회와 구역(소그룹) 상황에 따라서 구역(소그룹)에서의 만남은 다른 날로 진행하는 것도 나쁘지 않다. 만약 앞의 환영모임에 식사가 없다면, 연이어 구역(소그룹) 모임을 진행하고 그곳에서 식사와 다과를 대접할 수도 있다.

5과의 시작

● 양육자는 새가족에게 오늘이 새가족 양육의 마지막 날임을 알리고, 오늘은 교회에 가서 교회의 양육자들로부터 직접 교회에 대한 안내와 소개를 받게 될 것과 연이어 구역(소그룹)으로 배치를 받게 되며, 그곳에서 구역의 사람들과 만나게 될 것이라고 하는 것을 알림으로써 마지막 과를 시작한다.

우리 교회를 소개합니다.

- 우리 교회는 _____ 교회입니다.
- 우리 교회의 역사와 우리 교회의 특별한 사명을 소개합니다.
- 우리 교회를 섬기시는 분들을 소개합니다.
- 우리 교회의 예배를 소개합니다.
- 우리 교회의 부서를 소개합니다.

새가족에게 우리 교회를 소개하는 것은 새가족부 담당교역자가 직접 하거나 혹은 교회 소개를 전담하는 사람이 하는 것이 좋겠다.

교회의 상황에 따라서 교회 소개를 간략하게 할 수 있는 PPT나 동영상을 제작해 놓고 사용하는 것이 좋겠다.

우리 교회를 섬기시는 분들을 소개할 때, 교회의 상황에 따라 다르겠지만 될 수 있는 대로 많은 장로들이나 여전도회 회장, 남선교회 회장 및 가능한 교역자들이 모두 와서 환영하고 자신들을 소개하여 새가족이 진심으로 환영받고 있다는 것을 느끼고 감동받도록 하는 것이 좋다. 반드시 참여하여야 할 사람은 새가족이 속할 교구목사, 새가족이 속하게 될 기관의 장(남선교회·여전도회), 구역장(소그룹 리더) 등이다.

우리 교회 소개에는 반드시 우리 교회가 '장로교회'라고 하는 것을 첨부하여 소개하도록 한다. 초신자에게 복잡한 교파에 대한 설명을 주기보다는 장로교회라고 하는 이름과 아울러 장로교 통합측의 교파에 속하는 대표적인 교회를 소개함으로써, 우리 교회가 이단이나 문제시되는 교파의 교회가 아니라고 하는 것을 분명히 밝혀서 새가족을 안심시키도록 한다.

우리 교회를 소개할 때에는 교회에 대한 객관적 정보를 제공하는 것에서 그치기보다는 교인들 중 한 사람이 우리 교회에 와서 신앙생활을 하게 되면서 특별히 좋았거나 유익이 되었던 경험을 나누는 순서를 갖도록 하여서 새가족이 감동을 받고 마음이 열리도록 하는 것이 좋다.

우리 교회의 부서를 소개할 때, 새가족에게 자녀들이 있는지 확인하고, 자녀의 연령에 맞는 부서를 소개하도록 한다.

마음을 여는 스토리텔링

우리 교회 소개는 사무적으로 하기보다는 환영하고 환대하는 분위기 속에서 이루어지도록 한다. 또한 새가족에게 지나친 부담이나 거부감이 일어나지 않도록 따뜻하면서도 편안하게 진행하는 것이 좋겠다.

2 우리 구역(소그룹)을 소개합니다.

새가족반을 마무리하면서 양육자는 새가족을 구역(소그룹)에로 인도하여서 이제는 구역에 정착하도록 해야 한다. 따라서 앞의 '우리 교회 소개'가 끝나면 가능한 대로 장소를 구역(소그룹)으로 옮겨서 새가족이 직접 구역의 식구들을 만나는 가운데에서 우리 구역(소그룹)을 소개하는 순서를 가지도록 한다. 이 순서를 앞의 순서와 연결하여 진행할 수 없는 상황에서는 앞의 환영회에서 새가족을 구역장(소그룹 리더)에게 인계하는 것으로 마치고, 우리 구역(소그룹)을 소개하는 순서는 구역원들 및 새가족과 협의하여 새로운 시간과 장소를 택해 진행하도록 한다.

- 우리 구역(소그룹)은 _____ 구역입니다.
- 우리 구역(소그룹) 식구들을 소개합니다.
- 우리 구역(소그룹)의 활동을 소개합니다.

새가족이 속하게 될 구역(소그룹)은 새가족이 양육반을 시작할 때부터 매주 구역(소그룹)예배 때에 새가족의 이름을 부르며 위해서 기도하면서 새식구를 맞을 준비를 한다.

그리고 구역을 소개하는 주에는 모든 구역 식구들이 구역장(소그룹 리더)의 집 혹은 가능한 구역 식구의 집에 모여서 새가족을 직접 맞이하고, 서로를 소개하면서 새가족을 환영한다. 구역의 식구들은 모두 새가족에게 자신들의 이름, 나이, 직업, 교회의 직분, 가족 사항 등을 소개한다.

마음을 여는 스토리텔링

이때 자신에 대한 정보를 딱딱하게 제시하기보다는, 자신이 교회와 구역(소그룹)에서 경험했던 따뜻했던 이야기들을 나누거나, 혹은 자신의 신앙생활에 관한 이야기를 나누면서 서로 간에 마음이 열릴 수 있도록 하면 좋다.

이때 식사나 다과를 준비하여 서로 나누면서 서로 간에 친교가 이루어지도록 하고, 구역(소그룹)의 모임에서는 어떤 활동을 하게 되는지 모임의 성격 및 횟수, 시간, 장소 등에 대한 안내를 한다.

새가족을 맞이하게 되는 구역(소그룹)은 미리 구역 식구 중 한 사람을 새가족의 멘토로 정하여 두었다가 구역 소개가 있는 날에 새가족을 양육자로부터 인계받은 후 멘토와 연결시켜 준다. 새가족의 멘토는 당분간 새가족과 주일에 교회에 함께 가고, 곁에서 예배도 함께 드리며, 또 구역모임에도 함께 동행하면서 새가족이 구역(소그룹)의 생활에 수월하게 적응하도록 돕는다.

구역이 이러한 환경이 되기 위해서는 구역 자체가 새가족을 맞이할 수 있는 준비와 훈련이 되어야 한다. 모든 구역의 식구들이 새가족을 귀한 손님으로 생각하고, 특별하게 섬기고 배려하여 구역에 정착하고 교회생활에 적응할 수 있을 때까지 도와야 한다는 인식을 공유하고 있어야 한다.

III

부록

새가족 신상 및 양육일지

이 름		생년월일	
주 소		집 전화	
		핸드폰	
가족상황		직 업	
새가족의 소개내용			
1주 모임			
2주 모임			
3주 모임			
4주 모임			
5주 모임			
기도제목			